U0137366

高能物理学家

丁肇中

家国情怀篇

李志毅 著

湖南科学技术出版社

·长沙·

图书在版编目（CIP）数据

高能物理学家丁肇中. 家国情怀篇 / 李志毅著. — 长沙 ： 湖南
科学技术出版社，2022.9
ISBN 978-7-5710-1682-1

Ⅰ．①高… Ⅱ．①李… Ⅲ．①丁肇中－传记 Ⅳ.①K837.126.11

中国版本图书馆 CIP 数据核字(2022)第 143343 号

GAONENG WULI XUEJIA DING ZHAOZHONG JIAGUO QINGHUAI PIAN

高能物理学家丁肇中　家国情怀篇

著　　者：李志毅

出 版 人：潘晓山

总 策 划：胡艳红

责任编辑：刘羽洁　邹　莉

数字编辑：李　叶　谷雨芹

封面设计：田　斜

责任美编：殷　健

出版发行：湖南科学技术出版社

社　　址：长沙市芙蓉中路一段 416 号泊富国际金融中心

网　　址：http://www.hnstp.com

湖南科学技术出版社天猫旗舰店网址：
　　　　　http://hnkjcbs.tmall.com

邮购联系：0731-84375808

印　　刷：湖南省众鑫印务有限公司
　　　　　（印装质量问题请直接与本厂联系）

厂　　址：湖南省长沙县榔梨街道梨江大道 20 号

邮　　编：410100

版　　次：2022 年 9 月第 1 版

印　　次：2022 年 9 月第 1 次印刷

开　　本：889mm×1194mm　1/16

印　　张：3.75

字　　数：50 千字

书　　号：ISBN 978-7-5710-1682-1

定　　价：48.00 元

（版权所有·翻印必究）

前　言

　　提到丁肇中，千言万语都无法形容这位伟大的物理科学大师。他所做的一切对于高能物理领域、对于人类科学的发展都有着不可磨灭的贡献。少年强则国强，讲好科学家故事，弘扬科学家精神，丁肇中的家国情怀、实验成就、科学精神等，对于孩子们有着十分重要的启迪作用。

　　丁肇中的启蒙科学家是物理大师法拉第，或许对于孩子们来说，丁教授也是指引他们走向科学之路的一盏明灯。探索的种子不知不觉在孩子们的心中种下，悄悄地破土生长。这颗种子需要被浇灌，一句话、一幅图、一段故事、一个奇特的憧憬、一个光怪陆离的梦想，这些大人们眼中不起眼的存在，或许就会成为浇灌这颗种子的甘露。

　　丁肇中说："要实现你的目标，最重要的是要有好奇心，不断地追求，再加勤奋地工作。"人生的路很长很长，但是不必担忧、不必着急，属于小朋友们的那一刻迟早会到来的。小小的种子长啊长、甘甜的雨露浇啊浇，萌发的嫩芽终有一天会破土而出，成长为一棵参天大树；小小的孩子跑啊跳啊，成长路上的风雨吹啊淋啊，羽毛未丰的雏鹰终究会展翅搏击长空！

　　《高能物理学家丁肇中》系列绘本由日照市科技馆馆长李志毅著，各分册既相互关联，又独立成册，便于阅读、学习、收藏。感谢麻省理工学院资深行政官谢彩秀和日照市科技馆的贺婧、杨秀名、闫瑞华、林利岩、张虹、蓝艳华、黄璐、聂兰相、孙厉等老师整理资料并提出宝贵建议。

　　在创作过程中，得到了杨琳、梁佳夷、谭钦文、翁佳君、吴东晓、乔飞航、杨欣语嫣、冯江海等老师的大力帮助，在此一并表示感谢。

1

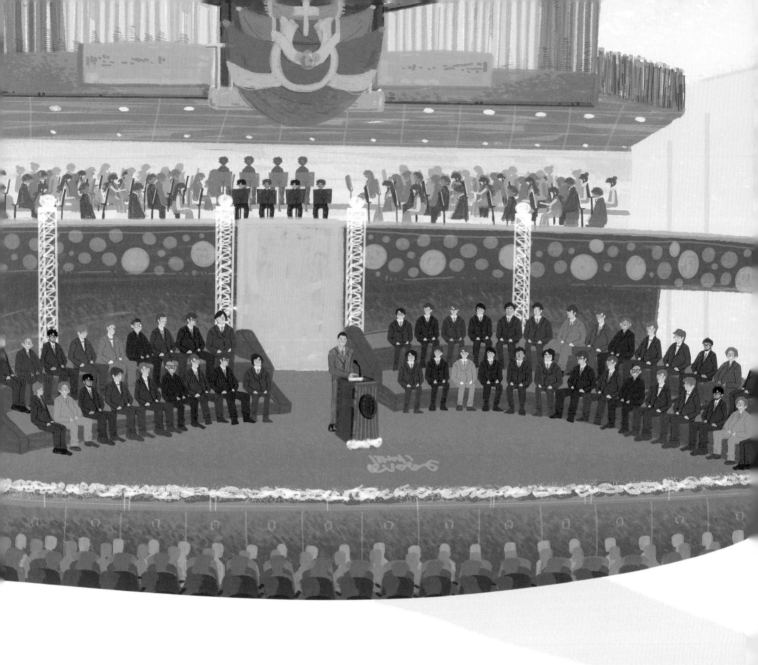

1976 年 12 月 10 日下午，斯德哥尔摩音乐厅内坐满了来宾，社会名流和各界人士共聚一堂，等待着典礼的开始。

大厅回荡着优美的古典乐曲，两侧摆满了鲜花。

所有人都目不转睛地看着讲台，期待着接下来演讲者精彩的获奖感言。

"国王、皇后陛下，皇族们，各位朋友……"

回响在大厅内的是在诺贝尔奖颁奖典礼上从未出现过的陌生语言。

大家忍不住惊讶地盯着那个用中文诵读获奖感言的人——他，就是丁肇中。

3

丁肇中因发现了 J 粒子而获得了 1976 年的诺贝尔物理学奖，并被美国政府授予欧内斯特·奥兰多·劳伦斯奖。2021 年，丁肇中又相继获得了"橡树岭国家实验室尤金·维格纳科学、技术与政策杰出讲座"系列纪念奖杯。

自从 1901 年第一次颁发诺贝尔奖到 1976 年，七十多年的时光流逝，诺贝尔奖的颁奖大厅中，始终没有响起过汉语的声音。

但是这一次，荣获诺贝尔物理学奖的丁肇中做出了一个庄重的决定，他要让华夏之声在全世界的瞩目下响彻颁奖大厅。

在场的瑞典皇家科学院和美国政府官员得知这件事后，劝阻丁肇中，想要让他放弃，可他坚持自己的想法，无论怎样都不动摇。

丁肇中骄傲地站在讲台上，2000多名来宾的目光全都聚集在他的身上。

一时间，许多美好的情感一齐涌上他的心头。

他口中讲着汉语，身体里流淌着华夏儿女的血液，心里怀着对祖国深挚的热爱，骨子里有着身为龙的传人的自豪！

丁肇中出生在美国密歇根州安娜堡，那是 1936 年 1 月，外面天寒地冻，到处都是雪白的颜色。

他的父亲丁观海和母亲王隽英是赴美留学的两位研究生，他们计划让自己的第一个孩子出生在中国的土地上，但是没想到这个孩子早产了。

随着一声啼哭，这个叫丁肇中的小男孩出生了。

按照美国的法律规定，出生在美国国土上的孩子，会自动获得美国的国籍。

虽然王隽英在美国，但是她无时无刻不在思念着中国。

两个月后，她不等自己身体恢复就迫不及待地踏上了回国的旅程。

　　20 世纪 30 年代的中国战火纷飞，日本侵略者贪婪地吞噬着中国的领土，回国不久的丁观海夫妇难以在家乡日照久留，被迫加入了难民的行列中。

　　在丁肇中童年的记忆里，没有五颜六色的糖果和玩具，只有满目疮痍的城市，随时都会响起空袭的警报声。

　　不能上课，丁肇中就和弟弟妹妹待在家里，听着大人们说着些有关"家国"的话，三兄妹也就把这些话记在了心里。

　　可是中国这么大，丁肇中却是这么小，他能为受伤的祖国做些什么事情呢？

"收复失地，还我河山！"
"万众一心，誓灭倭寇！"
"宁做战死鬼，不做亡国奴！"

大街小巷到处都是清脆坚定的声音，丁肇中三兄妹也和街上的那些青少年一样，愤慨激昂地呼喊着口号。

　　丁肇中 7 岁那年，在重庆大学任教的父亲丁观海带着他参观了一个在重庆举行的工业展览。

展览会上那些新机器和工具可真有趣啊！

小小的丁肇中一下子就被那些吸引了注意力，他拉着父亲问了很多问题，父亲都耐心地给他一一讲解。

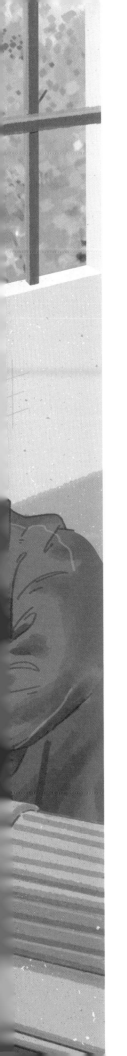

这里的所见所闻在丁肇中的心里埋下了一颗种子，一经灌溉便会一发而不可收。

"在我所熟悉的众多科学家中，我最仰慕的是法拉第。"

9岁那年，丁肇中从父亲那里得到了一本《法拉第传》。

这位伟大科学家的故事给了丁肇中很大的震撼，于是他下定决心，他也要成为和法拉第一样被人尊敬和仰慕的科学大师。

上初中时，丁肇中对中国历史这门课程特别感兴趣，他甚至能将许多章节牢记在心。

每每看着书上的那些文字，历史长河中的那些片段就像是浮现在他的眼前一般。

他为中国悠久的历史和灿烂的文化而感到骄傲，也为自己身体中流淌着中国人的血液而感到自豪。

"时间是最浪费不起的。"

12 岁的丁肇中说出了这样的大道理，当时的他为了能够跟上学校的进度，放弃了玩乐，一有时间他就会埋头苦读。

受家庭的影响，丁肇中对学习一丝不苟，读书全神贯注；遇到疑难问题，便找遍书本，务必得到答案才肯罢休。

课堂上他聚精会神地听课，也常常举手发问，课后和同学们讨论问题时，往往要辩论到"甚解"才肯罢休。

　　"喂，丁大头，你的头确实够大，蕴藏的智慧真多，好好利用吧！"

　　"丁大头，发明几个丁氏定理！"

　　丁肇中的同学们在毕业时给他留下的话，也给予了他莫大的鼓励。

　　1956 年 9 月，丁肇中告别了父母，前往美国求学，开始了在密歇根大学的艰苦学习。

　　丁肇中在大学学习的时间里，一直忘我地沉浸在数学、物理的学习和研究之中。

　　经过三年的努力，他获得了数学和物理学学士学位，之后又在密歇根大学物理研究所学习了两年，提前获得博士学位。

丁肇中虽然是美国国籍又身在美国读书，但他深深地知道他的根在中国。

从 1975 年开始，他每年都要回中国访问、讲学，几十年来从未间断。

为了祖国高能物理的发展，他不辞辛劳，远涉重洋，多次回到中国从事学术交流和参观访问，介绍国际高能物理的发展，努力促进国际物理学界同中国物理学家的合作。

1960 年，丁肇中的母亲王隽英于美国病逝。

丁肇中永远也不会忘记母亲温暖的怀抱和谆谆教诲。

那段记忆会一直伴随着他度过漫长的人生。

临终前，王隽英给丁肇中留下遗嘱："爱祖国，爱科学，双爱双荣。"

丁肇中一直谨记着母亲的教诲。

获得诺贝尔物理学奖的第二年，1977年夏天，他带着妻子和两个女儿一起回国，邓小平亲切地会见了他。

邓小平对丁肇中说，中国目前百业待兴，尤其是科学界，中国急需培养一批科研人才，希望派中国科学家参加丁肇中的实验组，丁肇中毫不犹豫地答应了。

　　丁肇中说:"我们这次来中国参观,看到大家很有干劲,都想把科学技术搞上去,我相信中国这么大,人口这么多,搞科研的历史这么久,一定会出人才,会很快赶上科学先进水平。"

　　在访问期间,丁肇中与许多科研机构进行了学术交流,为我国高能物理实验工作者详细地报告了多年来他的研究工作。

1985 年的夏天，知了"吱吱"地叫着，大地都要被热到融化了。

丁肇中回到了他阔别 47 年的故乡：山东日照。

现在的日照已经与往日大有不同，这个美丽的海滨城市枕山襟海，风景绚丽极了。

丁肇中专程来到市郊涛雒镇他的祖居"种德堂"，在亲朋好友的陪同下，他还参观了镇上的中小学校和工厂。

作为炎黄子孙，丁肇中深爱着祖国，眷恋着故乡。

他挥洒一腔热血，四处奔走讲学，热心培养中国高能物理人才，积极推动中国科技发展。

1988年10月，一座大型高能加速器——正负电子对撞机在北京西北郊建成。如今，在北京正负电子对撞机上做物理实验的骨干科技人员，大都在丁肇中领导的实验组工作或学习过。

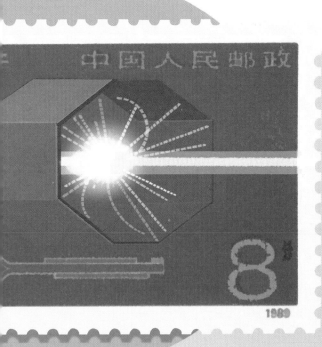

丁肇中说："四千年以来中国在人类自然科学发展史上有过很多重要贡献，今后一定能做出更大的贡献。我希望在自己能工作的时间内，为中国培养更多的人才。"

在祖居院子里的一棵大树下，丁肇中曾感叹地说："人们常说，树高千尺，落叶归根；我是树高千丈，也要落叶归根啊。"

2002 年 6 月，在距离第一次回归故里 17 年后，66 岁的丁肇中又一次踏上了故乡日照的土地。

在海滨金色的沙滩上，他深情地抓起一把沙子，用手指来回揉搓着，喃喃地说："这里的沙子比夏威夷的还要好。"

三年后，丁肇中第三次回到故乡，他们来到了涛雒镇的"丁肇中祖居"时，那里已经修整一新。

随后，丁肇中一行来到祖父丁履巽墓前敬献花圈。

墓碑上，有着一句用中文和英文两种文字铭刻的碑文：

"怀念我的祖父，一位鼓励家人受教育，为世界做出贡献的人。"

在拜谒祖墓的时候，丁肇中牵着夫人苏珊的手，凝视着儿子，缓缓地说："Your root is here（你的根在这儿）。"

向陽門第春常在

2012 年 7 月，日照正值酷暑，孩子们热得躲在树荫下，咬着冰棒乘凉。

丁肇中携全家来到涛雒镇，踏进阔别已久的祖居大门。

家人们与他一起体验中国传统教育，感受古老民族文化。

2014 年，金秋十月，许多田地都是金灿灿的一片，到处都散发着农作物的浓郁香气。

丁肇中沐浴着秋晖来到故乡日照，参加了日照市科技馆设计方案研讨会，并到科技馆拟选址现场进行考察。

　　时过境迁，2017年丁肇中再次回到故乡日照时，这座城市和之前已经有了许多变化。

　　日照市科技馆也准备开工，他欣然接受邀请，于7月21日参加了工程开工奠基仪式。

2018 年 7 月和 10 月，丁肇中携家人两次回到自己魂牵梦萦的故乡日照，参加了日照市科技馆展陈方案评审会和主体竣工仪式。

他还为故乡的科技馆捐赠了独一无二的科学文献、仪器设备及物品资料。

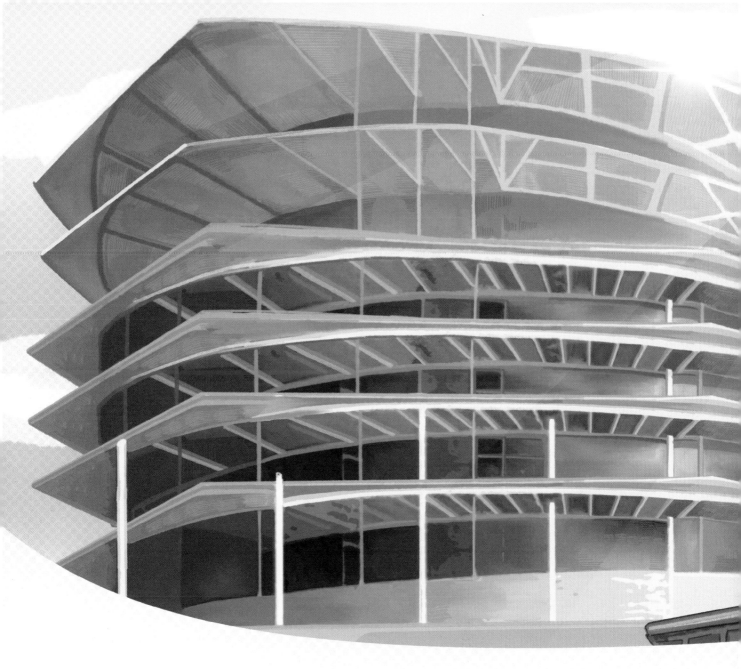

丁肇中在参加评审会期间，回到祖居，拜谒祖墓。

现在的丁肇中已经不再是当年那个被奶奶抱在怀里坐在院子中的小孩子了，这位科学大师如今已然成为世界物理学界重要的存在。

时光荏苒，八十多年的时光如同白驹过隙，周围的一切都有了很大的变化，但唯一不变的是丁肇中那颗如孩童一般"爱科学、爱祖国、爱家乡"的赤子之心。

　　八次寻根之旅，丁教授让家乡人民深切地体会到了他对祖国和
故乡的浓厚情谊。

　　对于丁肇中来说，家国情怀并非只是以血脉亲情连接起来的简
单情怀，更是一种对于祖国的归属感、自豪感，也是一种对于家国
和民族的责任感、荣耀感。

　　而他正努力将这种情怀传播出去、传承下去。